Regla Dada Por N. Padre San Agustin A Sus Monjas. : Con Las Constituciones Para La Nueva Recoleccion De Las Monjas, Conforme À Ella. Aprobadas Por Nuestro Santissimo Padre Paulo V

Augustinian Recollects (Lima, Peru)

Nabu Public Domain Reprints:

You are holding a reproduction of an original work published before 1923 that is in the public domain in the United States of America, and possibly other countries. You may freely copy and distribute this work as no entity (individual or corporate) has a copyright on the body of the work. This book may contain prior copyright references, and library stamps (as most of these works were scanned from library copies). These have been scanned and retained as part of the historical artifact.

This book may have occasional imperfections such as missing or blurred pages, poor pictures, errant marks, etc. that were either part of the original artifact, or were introduced by the scanning process. We believe this work is culturally important, and despite the imperfections, have elected to bring it back into print as part of our continuing commitment to the preservation of printed works worldwide. We appreciate your understanding of the imperfections in the preservation process, and hope you enjoy this valuable book.

REGLA
DADA POR N. PADRE
SAN AGUSTIN
A SUS MONJAS.

Con las Constituciones para la nueva Recoleccion de las Monjas, conforme à ella.

Aprobadas por nuestro Santiſsimo Padre Paulo V.

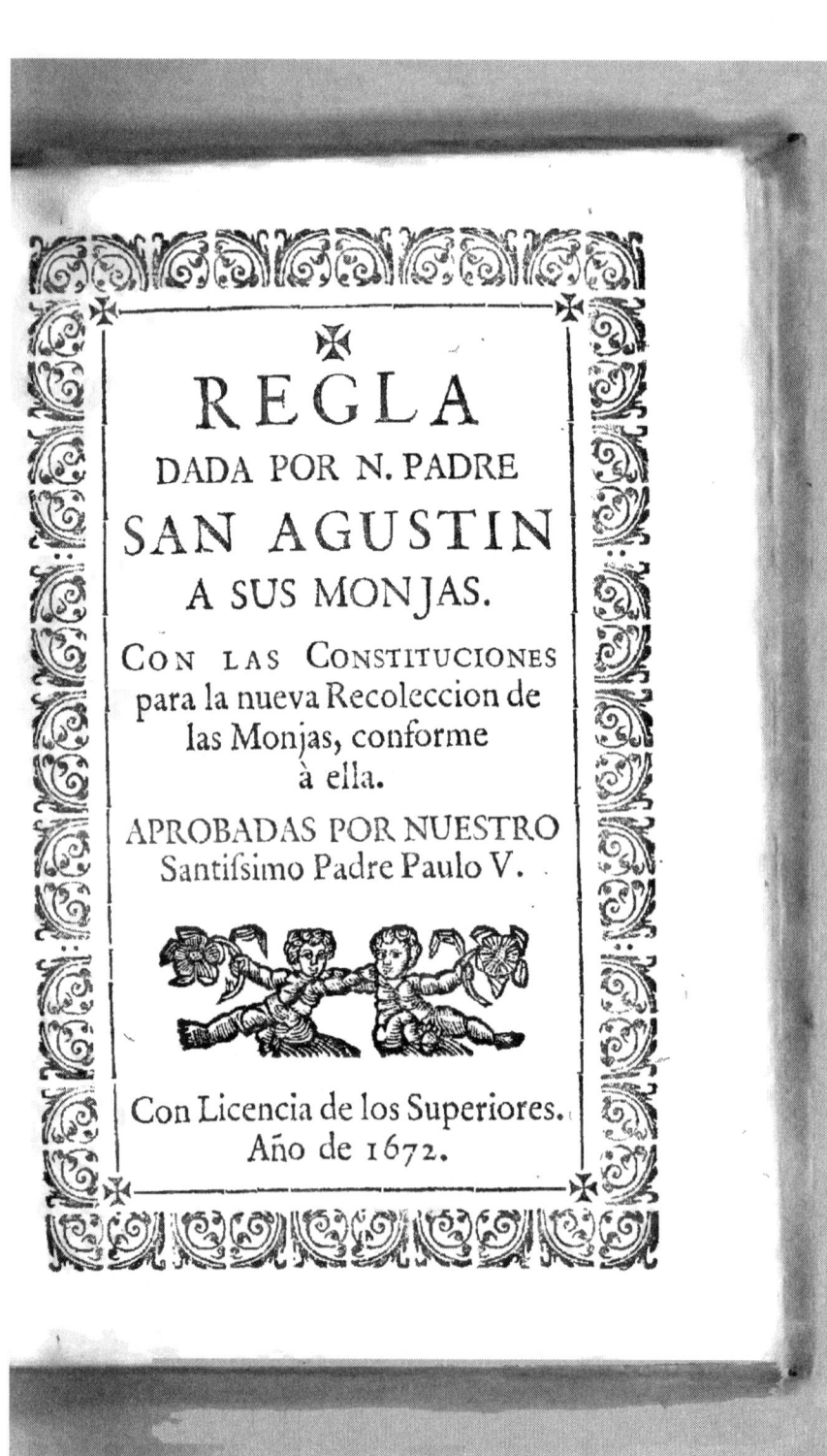

Con Licencia de los Superiores.
Año de 1672.

COMIENZA LA REGLA
que nuestro glorioso Padre San Agustin dió à sus Monjas.

LAS cosas que mandamos guardeis las que vivis en el Monasterio, son las siguientes.

Lo primero, porque estais juntas, y congregadas en uno, es para que vivais unanimes, y conformes en la Casa del Señor, y tengais un animo, y un corazon en Dios.

§. I.

NO tengais cosa propria, ni la deis este nombre: mas todo sea comun, y dese à cada una la comida, y vestido por orden de vuestra Prelada: no igualmente à todas; pues no todas

Regla de San Agustin,
teneis iguales fuerzas: mas defele à cada una fegun fu necefsidad, que afsi lo leeis en los Actos de los Apoftoles, que tenian en comun todas las cofas, y à cada uno fe daba fegun fu necefsidad. Las que tenian algo en el figlo, guften en entrando en el Monafterio que fea comun; y las que no lo tenian, no bufquen en el Monafterio, lo que fuera de èl no pudieron alcanzar. Pero acudafe à fu necefsidad con lo necefario, aunque fu pobreza fueffe tanta eftando en el figlo, que no lo podia hallar. Y no fe tengan por dichofas, porque hallaron la comida, y veftido en el Monafterio, que no pudieron hallar en el figlo. Ni tengan prefuncion porque viven con aquellas, à las quales en el figlo no offaran allegarfe; ni fe paguen de las vanidades del mundo, ni de cofa

de

que diò à sus Monjas.

de la tierra, mas pongan su aficion en Dios: porque no comience el Monasterio à ser de provecho para las ricas, y no à las pobres, si humillandose en èl las ricas, las pobres se ensobervecen. Tampoco se cansen las que eran estimadas en el siglo, de vivir con las hermanas, que siendo pobres vinieron al Monasterio, preciandose de la nobleza, y riqueza de sus padres; mas hagan honra de vivir en compañia de las pobres. Ni se ensalzen si dieron algo de su hacienda al Monasterio, ni se ensobervezcan mas dandole sus riquezas, que si las gozaran en el siglo. Otro qualquiera vicio procura que se hagan malas obras; pero la sobervia procura que perezcan aun las buenas: porque de què fruto es, dando las riquezas à los pobres, hacerse pobre, si la triste alma ma se hace mas sobervia despreciandolas, que posseyendolas? Sed pues unanimes y conformes, y honrad unas en otras à Dios, cuyo Templo sois.

§. II.

ORad con instancia en las horas y tiempos señalados; y en el Oratorio ninguna haga otra cosa, si no aquello para que fue hecho, y de donde tomò el nombre, porque no estorven las que hicieren otra cosa, à la que quisiere orar fuera de las horas señaladas. Quando rezais los Psalmos, y los Hymnos, piense el corazon lo que dice la boca, y no canteis sino lo que se manda cantar.

§. III.

DOmad vuestra carne con ayunos, y abstinencia de comida, y bebida, quanto la salud lo permitiere.

Quan-

que diò à sus Monjas.

Quando alguna no pudiere ayunar, no coma fuera de la hora de comer, no estando enferma.

§. IIII.

Quando os assentais à la mesa, oìd con atencion, sin ruido, ni voces, hasta levantaros de ella, lo que se acostumbra à leer: porque no solo guste el paladar el manjar, sino tambien el oìdo de la palabra de Dios. No se cansen las que tienen fuerzas, ni les parezca mal si hicieren algun regalo à las flacas enfermizas, ni las tengan por mas dichosas porque comen lo que ellas no comen; antes se gocen de poder lo que las otras no pueden. Y si à las que vinieren al Monasterio de vida mas regalada, se les diere algun manjar, vestido, ropa, y abrigo mas que à las otras de mas fuerzas, y por tanto mas dichosas; piensen estas à quien no se hace este regalo, la diferencia que ay de la vida que antes tenian aquellas en el Monasterio, y lo mucho que les falta del regalo que tenian en el siglo, aunque no ayan podido llegar à la aspereza y rigor de las que tienen mas fuerzas. Y las que son de mas fuerzas, no se inquieten viendo que à las demàs se les hace algun regalo, pues esto no se hace por honrarlas, sino por sobrellevarlas, y por su necesidad. Ni quieran todas se les haga el mismo regalo, porque no se introduzga tan gran desconcierto y desorden en la Casa del Señor, que à do las ricas se hacen quanto pueden à la aspereza y trabajo, se hagan las pobres delicadas, y al regalo.

§. V.

que diò à sus Monjas.

§. V.

ASSI como las enfermas han de comer menos, porque no las haga daño el demasiado manjar; assi despues de la enfermedad han de ser tratadas con tal regalo, que convalezcan mas presto, aunque ayan venido al Monasterio de suma pobreza; que à estas concede la nueva enfermedad lo que à las delicadas y regaladas su antigua costumbre. Pero en cobrando entera salud, y bolviendo à sus fuerzas antiguas, buelven à seguir la mas que dichosa, y bienaventurada vida comun, de aspereza, y de rigor, que à las siervas de Dios tanto mas conviene, quanto tienen menos necesidad. No se acostumbren al regalo que se les hizo por la enfermedad. Y tengan por mas dichosas las que pudieren passar

con

con mas necesidad; pues es mejor tener necesidad de menos, que posseer de mas.

§. VI.

NO sea precioso, ni curioso vuestro vestido, y traje; ni deseeis agradar con èl, sino con la vida y costumbres.

Las tocas no sean tan delgadas, que se parezca la escofia; ni ande fuera suelto el cabello por descuido, ni compuesto con cuidado.

Estando sentadas, ò andando en vuestro traje, y en todo quanto hicieredes, no aya cosa que despierte à mal al que os mirare; mas diga todo con la vida santa que professais.

Si acaso vieredes alguno, no enclaveis en èl los ojos; que aunque no se os vedan, ni es pecado vèr hombres; pero eslo

que diò à sus Monjas.

eslo desearlos, ò querer ser deseadas de ellos: y no solo se despierta este deseo, tocando, sino mirando tambien. Ni digais que teneis corazones limpios y castos, teniendo ojos deshonestos, que son cierta señal de corazon deshonesto. Y quando callando la lengua, los corazones no limpios se declaran por los ojos, y el uno con el otro se enciende en torpes deseos; aunque no lleguen los cuerpos à tocarse, se pierde la castidad. Y no entienda la que pone los ojos en el hombre, y gusta de ser vista, que no la vè nadie quando esto hace, porque sin duda la vèn, aun los que ella no imagina. Pero quando sea asi, que estè tan escondida, que nadie la vea, por ventura podrà esconderse de los ojos de Dios, à quien nada se le esconde? Por ventura podràse pensar de èl èl que no vè, porque mira lo que paſſa, no menos ſufrido que Sabio? Tema pues deſagradar à eſte Señor la muger dedicada à ſu ſervicio. Y para no deſear ſer viſta, ni parecer bien al varon, ni ſer deſeada de èl, pienſe que la mira Dios; que no ſin cauſa la encargan tema à do eſtà eſcrito: Abomina el Señor de quien enclava los ojos. Pues quando eſtuvieredes juntas en la Igleſia, ò adonde huviere hombres, mirad por la honeſtidad unas de otras, que aſsi Dios, que eſtà en voſotras, os guardarà. Si echaredes de vèr eſte laſcivo mirar, de que hablo, en alguna de voſotras, amoneſtadla luego, porque ſe atajen las coſas que comezaron mal, y no paſſen adelante. Pero ſi deſpues de amoneſtada, vieredes que otra vez hace lo miſmo, qualquiera que la viere

la

la descubra à la Prelada, como à persona llagada, para que sea sana: pero antes que esto se haga, la descubra à una, ò à otra tercera, para que pueda ser convencida con el dicho de dos, ò tres; y castigada con la pena que merece. Y no entendais que la quereis mal en esto; porque sin duda la hareis mayor mal, si callando permitis que se pierda, pudiendola remediar con solo descubrir su culpa. Porque si acaso tu hermana tiene alguna postema en el cuerpo, que quiere encubrir de miedo que no la abran; por ventura no serà crueldad si callasses, y misericordia descubrirla? Quanto pues con mas razon debes descubrir la culpa de tu hermana, porque no se le podrezca en el corazon otra postema peor? Pero antes que la descubras à las otras, que han de de ser testigos de su culpa, si la negare, debesla manifestar à la Prelada, si haviendola amonestado en secreto no se enmendare; porque por ventura corrigiendose en secreto no lo sepan las demàs. Pero si lo negare, traiganla las demàs, para que delante de todas, no sola una testifique su culpa, sino que sea convencida de dos, ò tres; y convencida, debe sufrir el castigo que la diere la Prelada, ò Prelado. Y no le queriendo sufrir, aunque ella no se vaya, echadla de vuestra compañia. Y esto no es crueldad, sino misericordia; porque con su mal exemplo no eche à perder à muchas. Tambien quiero que se guarde con diligencia esto que he dicho del deshonesto mirar, en vèr, atajar, descubrir, convencer, y castigar en todos los demàs pecados, con amor

del

del pecador, y aborrecimiento del pecado. Pero lo que llegare à tanto mal, que recibiere en secreto cartas de alguno, ò qualquiera otra cosa, sin licencia; si confessare su culpa de su propia voluntad, perdonenla, y rueguen à Dios por ella: pero si la hallan, y convencen, castiguenla con rigor, segun pareciere à la Prelada, ò Prelado.

§. VII.

TEned vuestras vestiduras en un lugar comun, y cuiden de ellas una, ò dos, ò las que fueren menester para limpiarlas, y sacudirlas, porque no se coman de polilla; para que assi como comeis de una mesa, os vistais de una roperia. Y si possible fuere, no repareis si la vestidura que os dàn, segun la diferencia del tiempo, es la misma que pusistes, ò la que se vistiò la otra,

co-

como à ninguna se le niegue lo necessario. Pero si de aqui se levantaren ruidos, y murmuraciones entre vosotras, y se quexare la una, que es peor la vestidura que la dàn, que la que antes tenia, y que no es justo que no la vistan como à la otra: de aqui podeis entender lo mucho que falta en la vestidura del alma, pues altercais por la del cuerpo. Empero, si teniendo atencion à vuestra flaqueza, os bolvieren la misma ropa que pusistes, tenedla toda en lugar común, y en poder de las Roperas, con tal condicion, y ley, que ninguna haga cosa, ni trabaje para sì, aora sea para vestirse, ò para dormir, ò para ceñirse, cubrirse, ò tocarse: mas todo quanto hiciere, y trabajare, sea para la Comunidad, y con mas cuidado, y alegria que si fuera para sì. Porque

que segun està escrito, la caridad que no busca cosas propias, antepone las comnes à las propias, y no las propias à las comunes, que assi se debe entender. Y assi echarais de vèr bien el aprovechamiento de vuestra alma; quanto mas cuidaredes de lo comun que de lo propio, para que en todas las cosas que usais en vuestra necessidad (que al fin se ha de acabar) resplandezca la caridad, que permanezce sin fin.

De lo qual se sigue, que quando alguno diere à sus hijas, ò parientas, que estàn en el Monasterio, algun vestido, ù otra qualquiera cosa, no la encubra, sino que la dè à la Prelada, para que puesta en comun se dè à la que tuviere necessidad: y si alguna la encubriere sea condenada como si la huviera hurtado.

§. VIII.

NO laveis la ropa vosotras, ò vuestras Lavanderas mas à menudo que le pareciere à la Prelada; porque el demasiado deseo de andar limpias no ensucie el alma.

§. IX.

HAgase lo que el Medico dixere ser necessario para la salud, aunque la Monja no quiera: pero si lo quisiere, y acaso no conviene, no la dexe la Prelada hacer su gusto; que algunas veces piensa la enferma que le ha de ser provechoso lo que desea, aunque le sea dañoso. Si el dolor de que se quexa fuere secreto, creanla, no duden de ello: pero si no fuere cierto que la ha de ser de provecho para el dolor que padece lo que desea, no se haga su gusto sin el consejo del Medico.

Señale la Prelada una Enfermera que cuide de las enfermas convalecientes, ò achacosas, y pida de la despensa lo que huviere menester cada una; y las que tuvieren cuidado de la despensa, vestidos, ò libros, sirvan à sus hermanas sin ruido. Aya hora señalada cada dia para leer libros devotos. Las que tienen à su cargo el vestido, y el calzado, no se detengan en darlo, teniendo necesidad las que le piden.

§. X.

No aya riñas y disgustos entre vosotras, ò acabense muy presto, porque el enojo, y disgusto no venga à parar en odio, y buelva la paja en viga, haciendo el alma homicida; pues dice Dios, que hizo primero al hombre que à la muger, hablando de ambos: que es homicida el que aborrece à su hermano. La que ofendiere à su hermana con malas palabras, ò dandola en rostro con su culpa, remedie luego el mal que hizo, pida perdon à la agraviada, la qual perdone con facilidad. Pero si ambas se ofendieren, perdonense ambas, pues à esto las obliga el trato que tienen con Dios, y el pedirle de ordinario con oraciones continuas, las quales quanto mas à menudo se hacen, tanto deben ser mas santas. La que se enoja muchas veces, y llevada de la ira ofende à su hermana, y la pide luego perdon, no parando hasta alcanzarle; mejor es que la que se enoja menos veces, y pide perdon con mayor dificultad. La que no quiere perdonar à su hermana, no espere gozar el fruto de la oracion. Pero la que no quiere pedir perdon, ò no le

pi-

pide de corazon, por demàs està en el Monasterio, aunque no la echen de èl. Por tanto no os digais malas palabras; y si las dixeredes, no os pese que salga de vuestra boca la medicina de do salieron las llagas.

Quando la necessidad de corregir forzare à la Prelada à decir asperas palabras à sus subditas, aunque eche de vèr que ha andado demasiada, no quiero que las pida perdon; porque por demasiada humildad no pierda su autoridad el govierno, con aquellas que deben estàr sujetas. Pero pida perdon al que es Señor de todos, que sabe bien el amor que tiene à las que reprehendiò con palabras demasiadas.

§. XI.

No aya entre vosotras amor carnal, sino espiritual, ni muestras de èl, porque las burlas, y juegos poco honestos, de que usan las mugeres entre sì, no solo deben ser agenos de las siervas de Dios, que perseveran en el santo proposito de la castidad; pero aun tambien de las mugeres casadas, y de las doncellas que estàn para casarse.

§. XII.

OBedeced à la Prelada como à madre, reverencialda; porque no se ofenda Dios en ella; y mucho mas al Prelado que os govierna.

En conclusion, porque esto se cumpla, y la falta que se hiciere, no quede sin castigo por descuido, estè à cuenta de la Prelada dàr cuenta al Prelado de lo que ella no puede castigar.

No se tenga la Prelada por dichosa porque manda à las demàs con poder y señorio, sino porque las sirve

con

con amor y caridad. Reverenciad à la Prelada delante de los hombres; pero ella temiendo delante de Dios, se tenga por indigna de besaros los pies. La Prelada sea para las demàs un dechado de toda virtud; corrija à las inquietas, consuele à las flacas, abrigue à las enfermas, y sufra à todas: ame la observancia, y guarde con gusto la vida regular, y haga que las demàs la guarden, y la teman. Y aunque lo uno, y lo otro sea necessario; procure mas ser amada de vosotras, que temida, trayendo siempre delante de los ojos la cuenta que ha de dàr à Dios de vosotras. De à do se sigue, que mientras mas obedecieredes, y fueredes mas buenas, no solo tendreis lastima de vosotras, sino de vuestra Prelada: la qual tanto està en mayor peligro que vosotras, cras, quanto està en mas alto lugar: Deos el Señor gracia para que guardeis todas estas cosas, y vuestra vida huela à Christo, no con temor, y como siervas debaxo del yugo de la ley, sino con amor como libres, y hijas que vivis en el estado de gracia, y como enamoradas de la virtud, que es la hermosura del alma. Y para que podais miraros en este librito, y Regla, como en espejo, y ninguna cosa de èl dexeis de hacer por olvido, leedle una vez cada semana; y hallando que haceis todo lo que en èl se manda, dad gracias al Señor, dador de todos los bienes. Y quando alguna de vosotras echare de vèr que ha faltado en alguna cosa de estas, duelase de lo passado, y guardese de lo por venir, pidiendo à Dios que la perdone sus faltas, y no la dexe caer en mas.

✠
CONSTITUCIONES
DE LA VENERABLE MADRE
MARIANA DE SAN JOSEPH,
QUE HAN DE GUARDAR
perpetuamente las Religiosas Recoletas de nuestra Señora del Prado de la Orden de Hermitañas de N. P. San Agustin de la Ciudad de Lima,

REFORMADAS
Por el Ilustrissimo, y Reverendissimo
SEÑOR DOCTOR
D. PEDRO DE VILLAGOMEZ,
ARZOBISPO DE DICHA CIUDAD, del Consejo de el Rey nuestro Señor, Juez Delegado de la Santa Sede Apostolica para las moderaciones, y mitigaciones de dichas Constituciones.

COMIENZAN LAS CONSTITU-ciones de las Monjas Recoletas Aguſtinas, que ſe ordenan para mayor guarda, y obſervancia de la Regla de nueſtro glorioſo Padre San Aguſtin.

PROLOGO.

HAviendo nueſtro Señor deſpertado en algunas Religioſas de eſta Orden grandes deſeos, de que ſe guardaſſe con toda perfeccion la Regla que nueſtro glorioſo Padre diò à ſus Monjas, y aquel eſpiritu primero de ſoledad, y oracion: pareciò ayudar à eſtos deſeos con algunas leyes para mayor obſervancia, ſacadas las mas de ellas de las que eſtàn admitidas en toda da la Orden, y confirmadas por los Sumos Pontifices, y aora eftas de dos Nuncios Delegados, y ultimamente por nueftro muy Santo Padre Paulo Quinto de felice recordacion. En las quales Leyes, y Conftituciones fe advierte, que fuera de los tres votos effenciales, ninguna cofa obliga à culpa, fino à folo la pena, fi no fuere de fuyo pecado, lo que aqui fe manda, ò quando lo mandaren los Snperiores en virtud de fanta obediencia; pues en tal cafo faltan al voto que de ella han hecho, ò dexando de cumplir alguna ley por menofprecio, teniendola en poco. Dios nueftro Señor, que diò principio à efta obra, la perficione, y ampare fiempre, para que en efta nueva, y pequeña planta fea muy glorificado, y fervido. Amen.

Cap.

Cap. I. Del Oficio Divino.

Igaſe el Oficio Divino en el Coro, ſegun el uſo Romano, y aſſiſtan todas à èl, aunque ſean oficialas, ſi no fuere mucha la cauſa de faltar à èl, y con licencia de la Priora. Lo que ſe cantare del Oficio ſea ſin punto, y en tono baxo, y grave, y con pauſa moderada en lo cantado, y rezado. Canteſe en las fieſtas la Miſſa Mayor, y en las de primera, y ſegunda claſſe, Viſperas, y Miſſa; y en los dias muy ſolemnes, como las Paſcuas &c. cantaràn tambien Maytines, y dos horas de la mañana. La Miſſa ſerà cantada los dias que huviere Sermon. Digaſe Prima, y Tercia à las ſeis de la mañana en Verano (que ſe cuenta deſde la Cruz de Mayo, haſta la de Septiembre)

y

y lo restante del año se diràn à las sie-te. Sexta, y Nona se diràn siempre con la Missa, à las nueve en Verano, y à las nueve y media en Invierno. Las Visperas se digan siempre à las dos, sino es la Quaresma; que se diràn acabada la Missa Mayor: y las Horas se diràn, haviendo Sermon en este tiempo à las nueve, y las Completas à las tres de la tarde; y en los Domingos de Quaresma, con los demàs dias de todo el año, se diràn con las Visperas. Despues de las Completas havrà siempre leccion espiritual, midiendo el tiempo de manera, que todo no dure mas de una hora. Los Maytines se diràn siempre à las nueve, y despues de ellos se harà el examen de conciencia, y alli diràn las culpas las Zeladoras, como se acostumbra. Diràse el

Recoletas Agustinas.

el Oficio de nuestra Señora, como, y quando lo manda el Breviario Romano; y estos dias se diràn los Maytines acabada la oracion de la tarde, y à las Completas la Benedicta, y en los Viernes que manda el Rezo de la Orden; los demàs dias se dirà siempre acabada la oracion de la tarde en lugar de los Maytines: y los dias que no se dixere por haverse dicho à las Completas, se podrà alargar un poco mas la hora de oracion. Los Lunes que no se rezare de fiesta de nueve lecciones, ò en los de Adviento, y Quaresma, se dirà la Missa por las Animas de Purgatorio, si no huviere difunta de aquel año (que haviendola serà por ella) ò alguna memoria de obligacion. Y porque todo esto se haga con quietud, cierrese reja, y torno no en quanto se dixeren los Oficios Divinos, Missa, y oracion, y en las horas de Refectorio, y silencio. Ninguna entre en el Coro quando se dicen los Oficios à dàr recado, si no fuere en caso de necesidad. Vayan todas juntas al Coro, lo qual se haga en esta forma: Que en quanto se taña la segunda señal, se junten por sus coros en el antecoro; y en estando juntas, acabada la señal, entren con un Psalmo, que comenzarà la que estuviere por mayor; y prosiganle los coros entrando de dos en dos: y en la misma forma, diciendo otro Psalmo, saldràn acabado el Oficio.

Esta Constitucion, y Capitulo moderamos, y mitigamos en que la hora de decir los Maytines sea à las siete de la noche uniformemente, assi en Invierno, como en en Verano; y se declara, que el Verano empieza desde la Cruz de Septiembre, que es à catorce de èl, hasta la Cruz de Mayo, que es à tres; y desde el dicho dia tres de Mayo corre el Invierno hasta catorce de Septiembre; siendo las horas de las demàs distribuciones en la forma hasta agora acostumbrada en el dicho Monasterio; con advertencia, que las horas que se han de cantar son de Prima, y Tercia en los dias señalados.

Cap. II. De lo que han de rezar las que no son de Coro.

HAviendo dicho un Pater noster, y una Ave Maria, diràn por Maytines, santiguandose: *Domine labia mea*, &c. y rezaràn: *Adjutorium meum*, &c. y rezaràn diez veces el Pa-

C ter

Constituciones de las

ter noster, y el Ave Maria, y por Laudes tres; y al principio de cada hora comenzaràn siempre con *Deus in adjutorium meum, &c.* y santiguandose: y diràn por cada hora tres veces el Pater noster, y el Ave Maria: y à Completas comenzarà, diciendo: *Converte nos Deus, &c.* y al ultimo Pater noster, diràn: *Gloria Patri, &c. Per Dominum, &c.* y *Fidelium animæ, &c.*

Cap. III. De la Oracion mental.

EL principal fin para que se diò principio à este Instituto, fue para que en unidad de voluntades, y vida perfecta se hiciesse una Congregacion de Religiosas de esta Orden, que tratassen de oracion, silencio, y mortificacion, para que con esta pu-
re-

reza de vida ayudaſſen à las neceſsidades de la Igleſia, y Pueblo Chriſtiano. Para lo qual ſe ordena, que cada dia haya dos horas ſeñaladas, para que en comun la tengan todas las Religioſas. De cinco à ſeis de la mañana en Verano, y de ſeis à ſiete en Invierno, y en todo tiempo à la tarde de cinco à ſeis. A las quales horas ſe junten en el Coro, Oratorio, ò adonde le pareciere à la Priora. Comienzaſe con el Hymno *Veni Creator, &c.* y leaſe algun punto de oracion, ſobre que la tengan, ſi no las llevare nueſtro Señor à otra coſa. Y ſi por alguna ocupacion forzoſa dexare alguna Religioſa de ir à qualquiera de eſtas dos horas de oracion, tenganla en otro tiempo. Y cuiden mucho la Priora, y Maeſtra de Novicias, que eſto ſe guarde, y todas
las

las Religiosas de pedir à nuestro Señor por las necesidades comunes, por el estado de la Iglesia, Sumo Pontifice, y Reyes de España, por los Confessores, y Predicadores, y por los Prelados de la Orden, y por el aumento espiritual de ella. Y en los Conventos adonde se gozare del privilegio que hay para tener el Santissimo Sacramento en el Coro, tengan oracion continua, acompañandole siempre una Religiosa. Haràse por circulo esta oracion, entrando una quando saliere otra: y comenzaràn desde la hora de oracion de la mañana, hasta las diez de la noche. Y entretanto que se dicen los Oficios Divinos, y se tiene oracion en comun, no correrà este circulo. Y esta oracion continua estarà à disposicion de la Prelada, para que pue-

pueda dispensar en ella, pareciendole necessario. La renovacion del Santissimo Sacramento se harà por la parte de afuera, y por la de adentro havrà una rexilla en la Custodia, que no pueda abrirse.

Esta Constitucion, y Capitulo moderamos, en que la hora de oracion el Verano sea de cinco y media à seis y media de la mañana, y el Invierno de seis à siete de la mañana; y por la tarde de cinco à seis continuamente, en Invierno, y en Verano; y el un quarto de hora de la mañana, y de la tarde se ocupe en decir el Hymno Veni Creator Spiritus, &c. con su verso y oracion, y leccion de un libro espiritual; y los otros tres quartos restantes en la contemplacion, y meditacion del punto mas conveniente que se huviere leido.

Cap. IIII. De la Confession.

COnfiessense las Religiosas por lo menos cada ocho dias, y tengan un Confessor ordinario, persona de letras, y espiritu, y apropósito para governar almas, que han de tratar de tanta perfeccion, à satisfaccion de la Prelada, y aprobado por el Prelado. Demàs de esto podrà la Priora en las ocasiones de necesidad dàr à las Religiosas otros Religiosos de qualquiera Orden, y Clerigos con quien se confiessen, ò traten sus almas, como sean personas de quien tenga entera satisfaccion, de prudencia, letras, y espiritu, mirando mucho en esto, y que no sea antojo, sino necesidad: que como quien ha de dàr cuenta tan es-

estrecha à nuestro Señor de las almas que tiene à su cargo, debe tener gran cuidado, y vigilancia en cosa que tanto importa, como mirar de quien las fia. Y si la persona no fuere tal como conviene, ò no la pareciere convenir darsele, aunque le pidan no se les dè, governandose en esto con la prudencia possible, en negar, ò conceder esta licencia, mirando si es verdadera necessidad la que las mueve à pedirle.

En este Capitulo declaramos, que las Religiosas se puedan confessar con qualquiera de los Confessores aprobados por el Ordinario de esta Ciudad para confessar Monjas, sin que necessiten las dichas Religiosas de otra licencia para ello.

Cap. V. De la Comunion.

COmulguen todos los Domingos; y quando no huviere fiesta de las aqui señaladas, podràn tambien comulgar los Jueves, y todas las fiestas de nuestro Señor, y de nuestra Señora, de Santa Ana, de nuestro Padre San Agustin, San Joseph, nuestra Madre Santa Monica, las fiestas de los Angeles, San Juan Bautista, y San Juan Evangelista, todos los Apostoles, la Conversion de nuestro Padre S. Agustin, San Nicolàs de Tolentino, San Guillelmo, San Juan de Sahagun, el dia de la Advocacion del Monasterio, y el dia de todos Santos. Y la Prelada podrà, si la pareciere, dàr otras extraordinarias, no siendo el Confessor

sor de contrario parecer. Y pareciendola quitar las Comuniones aqui señaladas para mortificar las Religiosas, ò por otra causa grave, podrà hacerlo.

Cap. VI. De la preparacion para la Comunion.

TEngan mucho cuidado las hermanas de no ocuparse en cosas no necessarias la noche antes de la Sagrada Comunion, y à la mañana, antes y despues de haver comulgado, recogiendose el mas tiempo que pudieren. Y porque le puedan tener para dàr gracias, tendrà cuenta la Priora de que comulguen siempre acabada Tercia, aunque no haya Missa antes de la mayor, à la qual nunca comulmulguen. Despues de haver recibido à nuestro Señor, les dè la Priora licencia, por lo menos, que estèn recogidas media hora, no ofreciendose necesidad de que acudan à otra cosa, que en tal caso muy buen recogimiento serà hacer lo que les ordenare la obediencia. El dia de la Comunion no haya visitas, y disponga esto la Priora de manera que se sepa no las han de hablar los de fuera en estos dias, si no fuere en caso muy extraordinario, y de necesidad conocida. Ni haya recreacion la noche antes de la Comunion, ni el dia, despues de comer.

Cap. VII. *De la soledad con que han de vivir las Religiosas.*

UNO de los mayores medios para alcanzar la perfeccion, es la ora-

oracion y trato con nueſtro Señor: lo qual no ſe conſeguirà, ſi no es habituandoſe el alma à vivir à ſolas con èl; por eſto ſe ordena que cada Religioſa eſtè en celda aparte, de la qual no ſalga, ſino con neceſsidad; y ſi ſe ſintiere dificultad en eſtàr à ſolas, adviertan, que por vencer dificultades ſe configuen bienes eternos, y el dàr guſto à nueſtro Señor ha de poder mas que la tentacion; la qual ſe ha de ir venciendo poco à poco. Y para ayudarſe hagan labor, y lean algunos ratos; que el alma que buſca à Dios, preſto conocerà, que teniendole à èl, no eſtà ſola; y echarà de vèr tambien los bienes grandes que hay en eſta ſanta ſoledad, y que para alcanzarla ſerà qualquiera trabajo bien empleado. No ſolo ſe contenten de eſtàr ſolas

en

en lo exterior, que esto se ha de ordenar para olvidarse de todo lo que no las ayuda al fin para que escogieron el vivir à solas. Por esto no traten de saber lo que passa dentro, ni fuera de casa, ni de conocer mas de à Dios à quien buscan; que de otra manera, aunque estèn en soledad, no la tendràn, pues se veràn ocupada el alma con las personas que tratan, y de lo que piensan y hablan; y nunca alcanzaràn à gozarse à solas con Dios. Callen mucho, retirense en sus celdas; y la Priora cuide de que esto se guarde, y enseñe à sus subditas con exemplo y palabras, à que estimen la vida sola que professan. Y sin su licencia ninguna Religiosa podrà entrar en la celda de otra, ni la Priora la dè, sino con grave causa. En la celda de la Priora

Recoletas Agustinas. 45

podràn entrar, y ella en las de todas, y las Novicias en la de su Maestra. En ninguna oficina de el Convento podràn tampoco entrar sin licencia de la Prelada.

Cap. VIII. De la paz, y amor que han de procurar tener las hermanas unas con otras.

TEnga mucho cuidado la Priora de que haya paz en su Convento, y de que se amen todas en Dios nuestro Señor, viviendo en conformidad y union, como lo manda nuestro Santo Padre San Agustin en su Regla: porque entre voluntades desconformes no mora el Espiritu Santo; mas vive de asiento en los corazones pacificos. Por esto trabaje la Priora, porque

que sus subditas sean tales, que no las falte este bien. Y à las que fueren causa de alguna desunion, corrijalas. No consienta que haya amistades particulares, sino que todas se amen en general; y en sintiendo alguna, atajela luego, si no quiere vèr desunida esta paz. Sea rigurosa en esto, y no consienta lenguaje de pareceres diversos, ni porfias: dexense vencer, aunque las parezca tienen razon. No se descuiden en esto, porque no entre la discordia, si no que se conserven en la vida espiritual y pacifica. A todas se encarga que ayuden à esta paz, y hermandad con exemplo y oracion, pidiendola à nuestro Señor, para que assi sea mas servido en esta junta de voluntades.

Cap.

Cap. IX. De la humildad.

EXercitense las Religiosas con la humildad, aplicandose mas à los oficios y obediencias mas humildes, y à estas acudan todas. Ninguna se escuse, teniendo salud, de fregar y barrer, aunque sea la Priora. Echense por tabla las semanas de fregar, comenzando de la Priora. No haya titulo que no sea humilde, pues para serlo vinieron à la Religion. A ninguna se llame don, ni señora, sino hermana, y vuestra caridad. Llamaràse à la Priora, y à la Supriora, por el tiempo que lo fueren, Madre, y Reverencia: y en acabando sus oficios se bolveràn al lugar de su antiguedad. Huyan de oficios de honra, usen de

mortificaciones en lugares pùblicos y secretos, como poſtraciones, ponerſe en Cruz, beſar los pies, y otras coſas ſemejantes, aora ſea mandandolo la Prelada, ò pidiendo ellas licencia. Y cada una ſe mortifique à sì miſma. Diràn ſus faltas en Refitorio algunas veces, como no ſean graves, ò ſe las dirà la Priora, ò alguna Religioſa por ſu orden; y diránlas tambien (como queda dicho) à la Zeladora, para que al examen de la noche las diga. Haſta en las acciones y ceremonias queremos que ſean humildes; y por eſto ſiempre que entraren en el Coro, ò ſalieren de èl, ſe poſtren, y beſen la tierra: y haràn lo miſmo quando hicieren alguna falta en el Coro. Y ſi la Priora las reprehendiere, tambien ſe poſtren, ſin levantarſe haſta que ella
ſe

se lo mande: lo mismo haràn si las loaren. Entrando tarde en el Coro quando se dicen los Oficios Divinos, besen la tierra, y de rodillas esperen la señal; y lo mismo haràn en Refitorio. Dèn cuenta todas las hermanas cada mes à la Priora de su oracion y deseos, y de como las lleva el Señor; que su Magestad la darà luz, para que si no vàn bien, las guie (si ellas tienen Fè, y humildad) que esto es mortificacion, dexarse guiar por otro parecer, que para su aprovechamiento se ordena, y serà mayor, quanto mas con claridad y llaneza la dieren. Mas despues que la Priora tenga entendido el espiritu, y camino por donde cada una và, podràn dàr esta cuenta mas de tarde en tarde, como y quando à la Priora la

pa-

pareciere. Y lo mismo harà la Maestra de Novicias, advirtiendo ha de proceder en esto con prudencia, no apretando demasiado, ni estimando en poco las Religiosas el dàr cuenta de sì, pues es para mayor bien suyo.

Cap. X. De la obediencia à la Prelada.

Obedezcan las hermanas à la Priora como à madre, mirando en ella à nuestro Señor por quien la obedecen, y que su Magestad se hizo obediente por nosotros hasta la muerte, y essa de Cruz. Y adviertan con cuidado, no solo à lo que las mandare que hagan, sino à lo que ella querrà que hagan, para pornello por obra. Estimando qualquiera exercicio de obediencia, no mirando à quien lo manda, da, ò como, sino al gusto que en obedecer dàn à nuestro Señor. Ninguna ponga escusa à lo que se la ordenare; y si fuere cosa que no pueda hacer, por falta de fuerzas, ò caudal, represente con humildad y llaneza lo que siente à la Priora, para que ella provea lo que mas conviniere. Quando la Prelada diere algun oficio à las hermanas, acetenlo con humildad, y dirà la Religiosa de rodillas: Bendito sea Dios en sus dadivas, y dones, y santificado en todas sus obras: y lo mimo haràn siempre que las dieren alguna cosa. Y quando dexaren los oficios diràn: *Agimus tibi gratias*, &c. Ninguna contienda, ni porfie con la Prelada: y acerca del respeto que se le ha de tener, se guarde lo que nuestro Padre dice en su Regla.

Cap. XI. De la pobreza en común.

SI el Monasterio tuviere algunas tierras, ò heredades, arriendense, y de ninguna manera se labren por cuenta de èl. Y teniendo la renta que bastare para sustentarse moderadamente, no pidan limosna, que à ser verdaderas pobres vinieron. Huyan de la demasiada solicitud, y no sean molestas à Pueblos adonde estuvieren. No haya demanda, si la necesidad no fuere muy grande, que algunas veces bastarà significarla à las personas devotas: fiense de la misericordia, y providencia de nuestro Señor, en cuyas manos estàn los corazones de los ricos. Sea toda su solicitud de agradarle, que èl no las faltarà, pues lo tiene pro-

prometido. No pongan su cuidado en agradar à los hombres, para que las ayuden y favorezcan: y la Priora cuide que no sean importunas, ni pidan nada, si no fuere con mucha necessidad, y licencia suya. Las dotes que se recibieren, echense en renta, si no fuere en algun caso de mucha necessidad, la qual juzguen la Priora, y las de la consulta; y siendolo, ayudense de èl, mas sea con licencia del Prelado.

Cap. XII. De la pobreza en particular.

COmo la verdadera pobreza no es solo no tener cosa propria, sino tambien no tener el animo asido à ninguna, que es à lo que se ordena la pobreza exterior; y la experiencia enseña, ña, que de ordinario se ama lo que se tiene, y se desprecia lo que no se tiene con mas facilidad. Deseando que esta virtud resplandezca en las hermanas, y quitarlas todo peligro de perderla: ordenamos que ninguna Religiosa tenga cosa alguna en particular, sino que todo sea comun, en la forma que nuestro Padre lo manda en su Regla. Y la Priora no podrà dàr licencia, ni dispensar para que tengan cosa ninguna à uso, ni para comer, ni vestir. Y porque tambien se suele el corazon aficionar à pocas cosas, tenga mucho cuidado de que si alguna hermana lo estuviere à las que tiene, (como celda, libros, habito, imagen, ò cosa semejante) se la quite del todo, ò se la trueque, porque la aficion no haga asiento mas que en Dios. Ninguguna reciba, ni dè, ni pida cosa alguna, por pequeña que sea, fuera, ni dentro, ni la trueque, si no fuere con licencia de la Prelada; y à la que lo contrario hiciere, se la dè la penitencia que pareciere convenir, segun fuere la culpa. Y encargamos à la Prelada, que lea todas las cartas, y pareciendole convenir darselas, se las dè à las Religiosas, y no de otra manera: y las que ellas escribieren, las lea siempre, y ella las cierre, ò de su mano las dè à cerrar à otra Religiosa, procurando desasirlas de todo lo que no es Dios.

Cap. XIII. *De las celdas, y de lo que ha de haver en ellas.*

LAS celdas han de ser muy pequeñas, y las paredes han de estàr desnudas: y si la necesidad pidiere
al-

alguna antepuerta, sea de jerga, ò sayal. Para sentarse tendràn un corcho, ò esterilla. La cama serà unas tablas, ò corcho; y si quisieren la podràn tener un poco levantada del suelo, y en ella un jergòn de paja; sabanas, y almohadas de estameña, y mantas, si no fuere estando enferma, que en tal caso podràn tener colchon, y usar de lienzo: pero sea de manera, que faltando la necesidad, falte este regalo, que por ella se permite. Tengan una imagen de papel, ò muy pobre, una Cruz, y pila para agua bendita. Tengan candil, ò candelero para poner la vela, y algunos libros devotos, y haya una poyata, ò banquillo en que los poner. No tengan llave en la celda, ni fuera de ella: porque así como queremos que solas las piezas comunes

nes en que están las cosas de la Comunidad, tengan llaves: afsi ordenamos, que solamente haya arcas, y lo demàs que fuere menester para estas cosas comunes, y no para ninguna en particular. La Priora podrà tener un caxon, ò arquilla, que no sea curiosa, para papeles, y cosas necessarias para la Comunidad (como llaves, ò cosa semejante) sin aprovecharse de èl para otra ninguna cosa; dando en esto exemplo à sus subditas, para que se guarde con todo rigor el espiritu de pobreza que professan, tan importante, y necessario para la perfeccion. Y en esto se le encarga la conciencia.

Esta Constitucion, y Capitulo moderamos y mitigamos, ordenando que las celdas sean las que para vivienda de las Religiosas están al presente labradas, y edifica-

ficadas en el dicho Monasterio, cuyas paredes han de estàr siempre desnudas, y solo en caso que la necessidad pida alguna antepuertà, la podrà haver de paño pardo de Quito, y basto, y con licencia de la Priora.

Podràn tener para sentarse una tarima de tablas de dos varas de largo, y una de ancho, y en ella un petate basto de estera, y un cojin de lo mismo. La cuja sea una banca de tablas sin balaustres, ni torneados. La cama sea un colchon baxo de cotenze, ò bramante listado, y las sabanas de melinge cortas, y que no cuelguen, sirviendo solo à la necessidad: la almohada sea una sola de melinge. Podràn tener en lugar de pabellon abrigadas las camas con algun reparo, ò cortina de estameña parda, siendo en todas uniforme el abrigo, y color. Podràn tener en sus
cel-

Recoletas Agustinas.

celdas una imagen de lienzo, quando mas de una vara de bulto, de nuestro Señor, ò nuestra Señora, ù otro algun Santo, ò Santa de su devocion, sin adornarlas con perlas, joyas, ù otra cosa que sea de valor; y una pila de barro en que tener el agua bendita, y una Santa Cruz; y assimismo un candelero de barro, ò bronce en que poner la vela, y una mesa pequeña, en que pongan algunos libros de su devocion, y que sean solo espirituales, y devotos. Por aora solamente, y mientras no se pone Roperia comun, y se dà à todas el vestuario, podràn tener en sus celdas una arca que no sea grande, con llave, y tenerla assimismo en las puertas de sus celdas. Por permitirse por su Santidad criadas para servir el Monasterio, y con sujecion à la Prelada, para que pueda vèr, y regisgistrar las albacenas, ò arcas, y celdas cada y quando que le pareciere conveniente.

Cap. XIIII. Del silencio, y recogimiento.

Guardese con mucho rigor el silencio, que està librada en èl gran parte del aprovechamiento espiritual. No hablen las Religiosas unas con otras, fuera de las horas de recreacion, sin licencia de la Priora, sino fueren las oficialas en caso de necessidad de preguntar alguna palabra, la qual diga con voz baxa. En el Coro, Refectorio, y Dormitorio se guarde mucho silencio; y siendo necessario advertir alguna cosa, sea por señas, ò tan baxo como se ha dicho. En las celdas no hagan cosa que estorve à la
quie-

quietud, y sofsiego de las demàs. Y la Priora tenga cuidado de que las Religiosas estèn recogidas en sus celdas haciendo labor, ù otra alguna cosa, de manera que no se dè lugar à la ociosidad: y en esto sea estremada, y mucho mas en que no salgan de ellas las horas de silencio, afsi de dia como de noche, que son despues de recreacion una hora à medio dia, desde la Cruz de Mayo, hasta la de Septiembre, y acabados Maytines, hasta Prima, todo el año.

Cap. XV. *De los ayunos, y aspereza.*

Ayunen todas las Religiosas desde la Santa Cruz de Septiembre, hasta Navidad, y desde la Septuagesima, hasta Pasqua de Resurreccion;
los

los ayunos de la Iglesia, y las vigilias de las fiestas de nuestra Señora; los Miercoles, Viernes, y Sabados de todo el año, sino cayere alguna fiesta muy solemne en ellos, ò que la necesidad de enfermedad, ò flaqueza las escuse, que en tales casos podrà la Priora dispensar. Tengan diciplina en Comunidad tres veces cada semana, despues de Maytines, Lunes, Miercoles, y Viernes, si no fueren dias de fiesta. Los Lunes la ofrecerán por las Animas de Purgatorio; y en la de los Miercoles diràn oracion por los bienhechores vivos; y el Viernes por el estado, y necesidades de la Iglesia. Vistan tunicas de estameña; y teniendo necesidad de traer lienzo, sea grueso, de manera que se eche de vèr que se trae por ella, por la falta de salud, y no de regalo.

Este

Recoletas Agustinas. 63

Este Capitulo, y Constitucion moderamos, y mitigamos en que el ayuno de Adviento sea desde todos Santos hasta la Pasqua de Navidad, y el de Quaresma sea desde el Miercoles de Ceniza hasta Pasqua de Resurreccion. Y en que las camisas puedan no ser de estameña, sino de melinge, y han de ser altas, y cosidas sin curiosidad alguna.

Cap. XVI. De los habitos, y vestidos.

EL habito sea de jerga, ò sayal blanco de poco ruedo, ceñido con la correa, el qual no arrastre el suelo. El escapulario sea de lo mismo, y debaxo del habito traeràn lo que fuere necessario para su abrigo, y esto serà de frisa, ò cordellate blanco, ò pardo. Las tocas sean de lienzo, y el
ve-

velo una beatilla teñida. El habito negro sea de la misma jerga, redondo, y de poco ruedo, de mangas angostas, de una tercia igual toda, y la correa sea ancha. Pondránse este habito negro en los dias de habitos, y profesiones, y quando entierren à las Monjas, y en los dias de Comunion aqui señalados; en la Missa mayor los Domingos, y en las fiestas de nuestro Señor, y nuestra Señora, que son de primera classe, y tambien à las Visperas primeras de estas fiestas, y en la de nuestro Padre San Agustin. El manto sea tambien de la misma jerga negra, del qual podràn usar en el Invierno para su abrigo. Traigan zapatos, y algunas calzas por la honestidad. Traigan cortado el cabello à raìz. Y finalmente, en el vestido,

y

y tocado no haya pespunte, ni cosa curiosa.

Esta Constitucion, y Capitulo mitigamos, ordenando, que no se traigan debaxo habitos blancos, y cumplan con traer solo un escapulario blanco, para quando se quitaren el habito negro: y assi el trage sea como de Religiosa, y no de Secular; y este escapulario podrà ser de estameña blanca, guardando todas uniformidad en el color. Y el faldellin podrà ser de bayeta, y la saya de perpetuan pardo, ù de otro color honesto: y el jubòn podrà ser de estameña blanca, ù de otro color honesto uniforme en todas; y estando enfermas en la cama puedan tener sabanas, y almohadas de ruàn ordinario, y jubones blancos para el abrigo, y decencia. El habito negro podrà ser de estameña, sin aforro, redondo, y de de poco ruedo: las mangas angoſtas, è iguales, y la correa ancha. El manto ſea tambien de eſtameña, y de la menos que ſe pueda: y por la mayor honeſtidad podràn traer zapatos bañados de ſuela ancha, y medias baſtas de lana pardas, ò negras, y calcetas, y eſcarpines de ruàn.

Cap. XVII. De el trabajo, y labor de manos.

Hagan labor para la Comunidad, y procure la Priora que nunca eſtèn ocioſas. No aya pieza de labor (eſto es) que no la hagan juntas, ſino cada una en ſu celda, ſi no fuere en alguna ocaſion forzoſa, mas tenga cuenta la Priora de que ſea por el menos tiempo que ſea poſsible. Y las oficialas repartan ſus labores de ma-

manera que estèn solas, no siendo muy necessario, porque no quebranten el silencio que à todas conviene guardar. No se dè à ninguna tarea; mas podràse ofrecer algun premio, ò limosna espiritual à la que acabare mas presto su labor. Haya una Religiosa que tenga cuenta con las cosas que fueren menester para las labores, que las dè, y guarde à sus tiempos: y la Priora sea la que determine que labores se han de hacer, y à las que se han de dàr, y repartir; y procure que no sean tales, que ocupen mucho el pensamiento, aunque para la Sacristìa bien la podràn hacer curiosa.

Esta Constitucion se mitiga, en que solo se admita labor por la mano de la Priora, que la reparta, como viere que mas convenga, y lo que se diere de pre-

cio por la labor, lo reciba la Priora, y distribuya en vestuario de las Religiosas mas necessitadas conforme la indigencia de cada una.

Cap. XVIII. De la comida, y recreacion.

ANtes de comer se haga señal à examen de conciencia de toda la mañana, en que se gaste no mas que un quarto de hora, y luego se taña à comer, à las once en Invierno, y à las diez y media en Verano. Entren en Refectorio como se acostumbra, y no todas juntas, sino con orden: bendigan la mesa segun manda el Breviario, con las ceremonias que manda el Ordinario. Y mientras dura la comida haya siempre leccion en el Flox Sanctorum, ò en otros libros de devotos. Y antes que la Lectora comience à leer, diga, estando en pie: En el nombre de nueſtro Señor Jeſu-Chriſto bendito, Amen. Y ſentandoſe proſiga la leccion, y la Priora harà ſeñal para que coman. Acabada la comida, dirà la que ha leìdo: *Tu autum Domine, &c.* y llegarà à decir la culpa de las faltas, como ſe acoſtumbra. Todo lo que fuere meneſter para el ſervicio del Refectorio, ſea pobre, mas haya mucha limpieza. La comida tambien ſea pobre, mas mire mucho la Priora que ſe les dè baſtantemente lo que fuere meneſter para ſuſtentarſe, ſin exceſſo, ni poquedad demaſiada, y que ſea bien aderezado. Acabada la comida, y cena, vayan à dàr gracias al Coro con el Pſalmo que ſeñale el Breviario; y deſpues

pues se recojan à sus celdas, sino es que la Prelada quiera que haya recreacion, no siendo dia de ayuno, à la noche. La qual recreacion podrà dàr dos, ò tres dias en la semana, ò los que la parecieren: y serà una conversacion santa, y entretenimiento religioso, que recree, y no distraiga el espiritu, tomando algunas veces ocasion del Sermon, si le huviere havido, ò de algun libro, ò cosa semejante. No hablen muchas juntas, ni haya confusion, ni porfias, ni sean pesadas unas à otras en palabras, ni en semblantes, ni hablen en cosa fuera de casa. Acabada esta recreacion, iranse con silencio à sus celdas, adonde no estèn ociosas, si no se quieren perder.

Capit. XIX. De la clausura.

Ninguna persona por ningun caso podrà entrar en el Monasterio, sino en los casos necessarios, como oficiales para reparos de la Casa, entrar cargas, ò cosas que las Religiosas no puedan hacer, los Medicos, y Barberos, quando fueren menester para las enfermas; y el Confessor confessarlas, darlas los Sacramentos, y ayudarlas à bien morir, y à otras semejantes; y quando el Prelado entrare à visitar la clausura. Tambien podràn entrar à enterrarlas los Sacerdotes, y personas que fueren menester, sin que haya en esto excesso: lo qual mandan los Pontifices debaxo de grandes censuras. No se podrà admimitir ninguna Seglar, ni por via de depoſito, aunque ſea con habito de Monja, y con intencion de recogerſe. Eſcuſen quanto ſea poſsible de hoſpedar Religioſas de otras Ordenes, y à lo contrario no las podrà obligar ningun Prelado. Reparen mucho en no admitir Breves, para que entren Seglares en los Conventos: y ſi por alguna cauſa que fuere à lo contrario, ſe admitiere alguno, ſea viniendo en ello la Conſulta. Quando entrare el Prelado en el Monaſterio à viſitar, y reconocer la Caſa, ò el Confeſſor, acompañenlos las dos Porteras, y la Prelada: las quales, cubiertos los roſtros, los lleven adonde han de ir, haciendo ſeñal con una campanilla, para que ſe recojan las demàs. Y ninguna puéda hablar

pa-

palabra à los que entran, sin licencia de la Priora. Procuren vèr las Porteras al Confeſſor, y ſea de parte que no le puedan oìr, y aſsimiſmo quando entraren el Medico, y Barbero, les acompañen las Porteras, y aſsiſtan ſiempre con ellos haſta que ſalgan, haciendo la miſma ſeñal: y ſi fuere de noche, vaya tambien la Priora, ò Supriora. No puedan las Porteras darſe las llaves una à otra ſin licencia de la Priora; y la que lo contrario hiciere, deſele penitencia, ò ſea depueſta del oficio conforme huviere ſido la culpa.

Cap. XX. Del Locutorio, y què perſonas han de hablar.

EL Locutorio de parte de afuera tenga una reja de hierro apretada, da, y con puntas; y de parte de adentro estè pegado à ella un rallo tambien de hierro, que la tome toda, y los agujeros de èl sean pequeños, y apartada de èl una reja de madera, y marcos, adonde estè clavado un lienzo negro por donde no se pueda vèr nada. Este marco tendrà llave, y no se abrirà sino fuere en alguna ocasion muy extraordinaria, y hallandose presente la Prelada, que serà la que tenga siempre esta llave. Ninguna Monja entre à hablar à la reja sin licencia de la Priora, ni sin escucha; y si hablare de otra manera, sea castigada gravemente, segun sea la culpa que en esto huviere hecho: y à la Tornera que la dexare entrar sin esta orden, deponganla del oficio, si lo huviere hecho de malicia.

No

Recoletas Agustinas. 75
No hablen si no con padres, hermanos, y tios, ni con Religiosos, si no fuere negocio espiritual, ò del Convento, ò caso que juzgue la Priora ser necessario. Y con qualquiera persona que se hable, sea siempre con escucha, como se ha dicho; y las placias sean religiosas, y de cosas de nuestro Señor, reduciendolo todo à èl quanto sea possible. No traten de cosas del siglo, ni de preguntar, ni oìr sucesso de èl: y la que estuviere por escucha, cuide, y tenga cuenta de que esto se guarde, avisando à la que en ello faltare una, y dos veces; y si no se enmendare, digalo à la Priora, para que ponga remedio, quitandole que no trate con los de fuera. A la puerta no se pueda admitir visita ninguna de ninguna ca-
li-

lidad, ò condicion que sea, ni tampoco se hable à las rejas del Coro baxo; las quales tengan por la parte de adentro, arrimado à la reja de puntas un rallo mas abierto que el del Locutorio, de hoja de lata gruessa, y apartada otra reja de madera, y esta se abra, porque en la de hierro ha de estàr el comulgatorio. Estas llaves tenga siempre la Priora, y no otra ninguna, si no fuere estando mala, y entonces, en comulgando, se las buelvan. Estas rejas se cerràran con otras puertas de madera cerrada, que tendràn sobre las rejas tambien con llave, la qual podrà dàr la Priora, para que se puedan abrir en quanto se dice el Oficio Divino. Procure mucho la Priora, que no comuniquen con nadie, ni con parientes, ni se en-

encarguen de sus negocios: no se ocupen en estos cuidados, pues ellas yà estàn muertas, ò lo deben estàr à todas las cosas del mundo. Tenga mucho cuidado de esto la Prelada; mire que importa mucho que las hermanas no traten de negocios seglares, que aunque parece caridad, no es sino lazo para ellas; y lo mismo haga ella en quanto fuere possible. A la reja del Coro se haga la visita del que visitare el Monasterio, y à la ventana por donde comulgan la eleccion. No haya visita los dias de Comunion de Constitucion, ni en Adviento, y Quaresma. Solo podrà negociar la Priora, y en su ausencia, à quien ella lo mandare en su lugar, sino es en caso de alguna necesidad, que entonces podrà la Priora dàr licen-

78 Constituciones de las
cencia, advirtiendo que sea tal. Tambien se abstengan de escribir à nadie en Adviento, y Quaresma.

Este Capitulo y Constitucion mitigamos, en que la reja de hierro sea la que se tiene oy, sin puntas, ni puas, ni rallo de agujeros pequeños; y solo havrà por la parte de adentro velos negros con marco, y llave, clavados, y fijos, que no se han de abrir, sino es para que las Religiosas hablen con padres, madres, hermanos, ò tios, ò con otras personas solo en caso del Convento, ù otro que la Prelada juzgue ser necessario, precediendo siempre licencia de la Prelada, y assistencia de escucha. En las puertas no podrà haver visita alguna, que se prohibe expressa, y generalmente à todas personas de qualquier sexo, qualidad, y estado que sean, y solo se permite à las personas

Recoletas Aguſtinas.   79

nas de los ſeñores Virreyes, y Virreynas, y de los ſeñores Arzobiſpos; y lo miſmo ſe entienda en las rejas del Coro baxo de la Igleſia, y Confeſſonarios: porque eſtos han de eſtàr deſtinados ſolamente para las Confeſsiones. En el Coro baxo por la parte de adentro ha de haver otra reja de madera con velos negros clavados, y fijos, con puerta, y llave, que la tenga la Priora, y podrà dàr para que ſe abra quando fuere neceſſario. En dia de Comunion de Conſtitucion no ſe admita viſita alguna, ni en tiempo de Adviento, y Quareſma, ſino fuere de padres, madres, hermanos, ò tios, ò alguna perſona de toda ſatisfaccion, que haga oficio de tal, precediendo licencia de la Priora. Podràn (aunque ſea en eſtos tiempos) eſcribirles por aora, y mientras ſe les dà el veſtuario. Las puertas tendràn tres cerraduras,

ras, afsi las principales, como las falsas, y no se podràn abrir, sin que se hallen presentes, y juntas la Priora, Portera, ò Tornera, y por impedimento la persona que fuere para ello embiada, y à quien se diere la llave, y han de estàr cerradas antes de la Oracion.

Capit. XXI. De las enfermas.

LAS enfermas sean curadas con mucho amor, y piedad, conforme à la pobreza que guardan, y alaben, y agradezcan à nuestro Señor quando las proveyeren bien: y si las faltare lo que los ricos tienen en las enfermedades, no se desconsuelen, que esso es ser pobres, faltarles aun lo que parece necessario. Y no sean molestas si no huviere lo que apete-
cen,

cen; mas la madre Priora ponga mucho cuidado en que antes falte à las sanas lo necessario, porque à las enfermas se les acuda con todo lo que huvieren menester: para las quales, no lo haviendo se busque; y satisfaganse las Monjas de que acude à esto con amor de madre. Y si algo las faltare, de ninguna manera se quexen; y si se entendiere esto de alguna, procurenla sossegar, y exortar à la paciencia, y sufrimiento las que lo oyeren, ò supieren. La Enfermera sea muy cuidadosa, y diligente, empleandose toda en servir à las enfermas, aunque falte al Coro, y oracion, podrà hacer falta: y las enfermas obedezcan à la Enfermera en lo que ordenare. Visite la Priora à menudo à las enfermas, y cuide de que las demàs

màs lo hagan, y no muchas juntas; porque no haya ruido, ni ocasion de que se quebrante el silencio: y en tiempo de èl no visiten, si no fuere en caso de necesidad. Haya Enfermeria donde se curen, y procurese que los Medicos, y Barberos no passen à ella por los dormitorios.

Cap. XXI. De las enfermas que estàn à peligro de muerte.

A Las enfermas que estuvieren en peligro de muerte, deseles los Sacramentos, con las ceremonias que manda el Ordinario. Y desde que las dieren el Sacramento de la Extrema-Uncion, no las dexen solas; quedese siempre con ellas alguna Religiosa, repartiendo el trabajo entre
to-

todas à difposicion de la Priora. Denla con tiempo efte ultimo Sacramento, no aguarden à que eftè fin juicio, ò cafi muerta. La enferma atienda, quando le reciba, la jornada que la efpera. Y eftando la enferma en el articulo de la muerte, juntenfe todas las hermanas en fu celda, ò apofento à la feñal de la campana que fe ha de tañer, y digan el oficio de la recomendacion del alma. Ayuden à bien morir à fu hermana con caridad, y devocion: pocas palabras baftan, como fean tales. En efpirando diràn el refponfo *Subvenite fancti Dei, &c.* rezado.

Cap. XXIII. De las difuntas.

EN muriendo la Religiosa, se harà señal con la campana, y dirà el Convento en el Coro, ò adonde le pareciere à la Priora, un Oficio de difuntos. Vistanla segun se acostumbra en la Orden; y puesta en las andas con flores, palma, y guirnalda, la llevaràn en procession al Coro, adonde la tendràn con luces, hasta que llegue la hora de enterralla. Denla sepultura en un angulo del Claustro, Coro, ò Capitulo, ò en el lugar que para esto huviere señalado. Diganse à su entierro Maytines, y Laudes de difuntos, y Missa, como lo manda el Ordinario: y todos los nueve dias se les diga una Vigilia, y Missa cantatada; y al fin de ella, y defpues de Vifperas, un Refponfo cantado, haciendo feñal de difuntos con la campana. A los treinta dias fe le dirà una Vigilia, y Miffa cantada, y otra al fin del año. Rezarà cada Monja de las del Convento adonde muriò tres Oficios de difuntos, y las de fuera de Coro, tres Rofarios: y las demàs Monjas de otros Monafterios de Recoletas, un Oficio, y las de fuera de Coro, un Rofario. Y la Priora tendrà cuenta de avifar à los Conventos quando muriere alguna, y de aplicarle las oraciones, y penitencias, ayunos, y difciplinas de aquel año. Y pues es fu hija, ayudela con effe focorro: y las demàs no fe defcuiden de fu hermana. Haga la Priora que fe le digan por lo menos cien Miffas,

mas, ò menos, conforme à la possi-
bilidad de cada Convento, y que sean
en Altares privilegiados.

Cap. XXIV. De la visita, y eleccion de la Priora.

LA visita del Convento, y eleccion de Priora harà siempre el
Prelado en la forma que se acostumbra en la Orden; y si no tuviere com-
pañero señalado, seràlo el Confessor de las Religiosas, y èl assistirà à
la eleccion, y escribirà las cedulas.
Este dia se dirà Missa del Espiritu Santo, y acabada se juntaràn las hermanas à la reja de la Iglesia, y en llegan-
do el Prelado comenzaràn el Hymno de *Veni creator*, &c. rezado, el
qual proseguirà el Convento, y aca-
ba-

bado con su oracion, iràn dando las hermanas sus votos secretos por cedulas, en la forma que se acostumbra. La eleccion serà libre, de manera, que podràn por la que quisieren, como sea de las partes, y Religion que conviene para el govierno, y por lo menos de edad de treinta años, y ocho de Religion. Y si (lo que Dios no permite) se le probare à alguna enteramente que ha pretendido el oficio de Priora, para sì, ò para otra, carezca de voto activo y pasivo por un trienio. Y aunque la que huviere pretendido, ò negociado para sì, salga elegida por la mayor parte de los votos de las Religiosas, se declara no ser legitima eleccion; y assi podrà el Prelado hacer otra de nuevo, no confirmando la que se huviere hecho con

con indicios de negociacion; ni ella podrà acetar el oficio de Priora, pues en tal caso la eleccion se dà por nula. Y afsi se prohibe, que en ningun tiempo se trate de quien serà Priora: y si esta platica se vertiere en el Convento, podrà la Prelada que fuere, mandarlas en obediencia, que no la hagan. Y si la pareciere convenir quitarlas esta obediencia algunos dias antes de la eleccion, alcesela, atajando quanto le sea pofsible este lenguaje, que es el principio de las difsensiones, y desunion de los Monasterios. Y afsi se les encarga la conciencia à todas las Religiosas, que huyan de semejantes pretensiones, y mayorìas, y de dàr el voto à la que vieren tan apartada del camino del Instituto que profefsan de humildad,

pues

pues no la tendrà, ni enseñará con tan mal exemplo. Aquella será Priora, que tuviere un voto mas que la mitad, y à esta confirmarà el Prelado, manifestandola al Convento. Hallarseha à contar los votos la Priora que acaba. Hecha la eleccion, y junto el Convento dirà el Prelado à quien han hecho Priora; y confirmada tañeran la campana, y dirà el Convento el *Te Deum laudamus*, cantado, y al fin de èl las oraciones que se acostumbra. Y en acabando iràn las Religiosas à dàr la obediencia à la Priora, cada una de por sì. No se veda que las Prioras puedan ser reelegidas; y para evitar novedades, serà esto lo mejor, no haviendose experimentado ser malo su govierno. La Supriora tambien se eligirà por votos secretos, y

con-

confirmará el Prelado la que tuviere uno mas de la mitad. Y los demàs oficios nombrarà la Priora, los quales dirà al Prelado, para que los pronuncie, y confirme.

Este Capitulo, y Constitucion se mitiga, ordenando, que para que el peso, y trabajo, que trae consigo el oficio de Priora se reparta entre todas, ninguna que lo haya sido, pueda ser de nuevo electa, ni tenga voz passiva para el oficio de Priora hasta passados dos trienios. Y que la eleccion de la Supriora regularmente se haga por votos: pero que quando les pareciere conveniente à los señores Arzobispos, puedan nombrar, sin que preceda eleccion, la Religiosa, que les pareciere mas à proposito.

Ca-

Capit. XXV. Del oficio, y autoridad de la Priora.

Obedezcan las Religiosas à la Priora, y ella como madre mire por ellas en lo espiritual, y temporal. Y teniendo salud, y fuerzas, guarde la aspereza de la Religion, assi en el vestido, comida, y cama, como en todo lo demàs. Visite algunas veces las oficinas, y vea lo que en ellas se hace: y si algunas de las que tienen los oficios, hicieren falta en ellos, ò excedieren de lo que las tuviere ordenado, siendo amonestadas en secreto, y fuere de èl en el Capitulo, ò delante de dos, ò tres, si no se enmendaren, las pueda suspender de ellos. Y si la causa fuere digna de privacion, las

pri-

prive, y ponga otras oficialas, dando cuenta de ello al Prelado. Procure ajustarse à las condiciones, y naturales de todas, quanto diere lugar la observancia de la Religion, sobrellevando à las flacas, y humillando à las que le pareciere lo han menester, y castigando las faltas, de manera que echen de vèr quanto desea el bien de sus almas. Cuide mucho de su aprovechamiento, y de que las mas antiguas sean exemplo de virtud, de mortificacion, y humildad à las menores; y ella siga el Coro, y Comunidad, dandole lugar los negocios del oficio. Visite à las enfermas à menudo, y haga que las demàs las vean. Visite cada noche el dormitorio despues de Maytines, y haga que todas se recojan en sus celdas luego, y cierrele con llave, ò la

per-

persona à quien ordenare que haga esto por ella. Tenga cuenta de que las Monjas no anden por la casa sin necesidad, ni estèn ociosas; mas haga que siempre estèn ocupadas, y recogidas en sus celdas. Las rentas, y limosnas no las reciba, ò entreguelas luego à las Depositarias para que se pongan en deposito, siendo la cantidad grande; que no lo siendo, se darà à la Provisora mayor para el gasto. No haga gastos grandes, ni contraya deudas en mucha cantidad sin el parecer de la Consulta. Visite algunas veces las celdas de las Religiosas, para vèr si exceden algo en el rigor de la pobreza que han de guardar; y si hallare qualquiera cosa de mas de las que vàn señaladas que pueden tener, quitesela. Provea la Priora à todas las

Re-

Religiosas del Convento de todo lo que huvieren menester, para que ellas del todo se descuiden de sus necesidades, sin que ocupen el pensamiento en buscar lo que les falta : y esto sea segun la necesidad de cada una, sin respeto de antiguedad, ù otro ningun titulo; si no que provea à todas como lo manda nuestro Padre en su Regla, midiendose con las necesidades, y complexiones que han menester mas regalo, hayan sido pobres, ò ricas. La Priora no podrà ser suspendida, ni privada del oficio, sino fuere con muy grave causa, como, haver cometido la culpa gravissima, ò cosa semejante, y siendo esto pùblico, y averiguado. Y si de tal manera estuviere impedida por enfermedad, que no pueda atender al govierno de la

ca-

casa. Y si la Priora muere antes de acabar su oficio, luego la Supriora dè aviso al Prelado, para que se haga eleccion; y entretanto que no se hiciere, presida la Supriora: y las demàs oficialas se estaràn en sus oficios. Y lo mismo se harà al fin del trienio, avisando la Priora algunos dias antes que acabe al Prelado: y en quanto no se hiciere la eleccion, harà ella, y las demàs sus oficios.

Cap. XXVI. *Del oficio de la Supriora.*

LA Supriora en estando confirmada, sabrà de la Priora la autoridad que quiere que tenga, y no excederà de ella tomando mas de la que le diere. Ayude à la Priora con fidelidad, y no dè lugar à quexas, de

que

que suelen usar las que son negligentes en acudir à sus obligaciones; sino guarde respeto à la Prelada, poniendo paz entre todas, sin dàr entrada à nada que pueda causar desunion, ni division de pareceres, y voluntades diversas; mas siempre tenga cuidado de ayudar à que obedezcan à la Prelada, y que todas vivan unanimes, y conformes, que es à lo que vinieron à la Casa del Señor, como lo dice nuestro Padre San Agustin. Mas en las cosas de virtud, y buenas, podrà interceder por las Religiosas con la Priora. A su oficio pertenece acudir al Coro de dia, y de noche, y que se diga el Oficio Divino con devocion, y pausa; y no faltar del Refectorio, y ser la primera en todas las obediencias: porque si la Priora estuviere ocupada, haya quien

quien presida en la Comunidad, en cuya ausencia ha de ser obedecida como la misma Prelada. Procure que las que lo tuvieren à su cargo tañan à su tiempo la campana à las horas, y se hagan las demàs señales, en particular la que se hace quando se alza el Santissimo Sacramento à la Missa mayor la primera vez, para que à do quiera que la oygan las Religiosas, se arrodillen, y le adoren. Tambien visite algunas veces las oficinas, y haga que en ellas, y por casa se guarde mucho silencio. Tenga cuidado de la limpieza de la casa, y de que se barra, y estè asseada; y eche la tabla de los oficios cada semana, y haga que acudan à ellos con puntualidad. Dè penitencia por las culpas ligeras que se hicieren en ellos, y en otras ocasiones, y de las mas graves darà cuenta à la Priora. Pertenece à su oficio hacer inventario con las Depositarias de todas las cosas del Convento, que tienen à cargo las oficialas, como de Sacristìa, Roperìa, y Provisorìa. Y afsi quando alguna Religiosa dexare algun oficio, la Supriora, por el inventario, la tomarà cuenta, y por el mismo lo entregue à la que entrare en èl antes de exercitarle. Y un inventario estarà en deposito, y otro tendrà cada oficiala.

Capit. XXVII. De la Maestra de Novicias.

LA Maestra de Novicias trate con piedad, y amor à las Novicias, y procure ser amada de ellas mas que temida. Procure tambien saber las incliclinaciones de todas, para que afsi pueda mejor encaminallas à la virtud, y perfeccion que han de guardar. Enfeñelas à que fepan vivir à folas con Dios: mortifiquelas en todo quanto le fea pofsible, aun en cofas muy menudas. Mas vaya con recato, y poco à poco, que para trocar vida, y coftumbres es menefter tiempo: tratandolas con amor, y blandura harà mucha labor. Enfeñelas à que no coman, ni beban fuera de las horas feñaladas, ni fin licencia. Lealas las Conftituciones à menudo, ò haga que ellas las lean, y fepan lo que han de guardar, y profeffar: de efto les hable de ordinario, y de la vida Religiofa. Hagalas Capitulo cada femana, ò por lo menos cada quince dias, no haviendo ocupacion que fe lo impida; y en èl reprehenhenda los defectos cometidos, y por ellos las dè penitencia. Acuda à las necefsidades de todas con cuidado, para que afsi aprendan à olvidarfe ellas de sì. No confienta que hablen con las profeſſas, ni ſalgan del Noviciado ſin ſu licencia: el qual, ſi fuere poſsible, eſtè aparte, y cerrado, y eſtaràn en èl, y por cuenta de la Maeſtra, haſta dos años deſpues de la profeſsion, y paſſados tendràn voto. Si alguna Novicia la deſcubriere que ſe halla afligida de verſe en el Monaſterio, ocupela en algunas obras exteriores, y en eſte tiempo cuide mucho de la que afsi viere; pues ſi es tentacion, preſto ſe verà. Enſeñelas à ſer humildes con ſu exemplo, y palabras, y à que la dèn cuenta de ſus almas, y de todo lo que por ellas paſ-

passa, con claridad, que de otra manera no las podrà encaminar à oracion, y mortificacion, ni ellas medrarán en estas dos cosas, si assi no lo hacen; por la obediencia las examine, y exercitelas en ella mucho, que es lo mas essencial de la vida Religiosa, y en este voto se encierran los demàs. Y sepan que el cuidado de toda la vida ha de ser la abnegacion de su voluntad, y que si de veras la renuncian siempre estarán contentas. Procure que se olviden de todo lo que dexaron, y no las consienta que hablen de sus parientes, ni de cosas del siglo; y enseñelas à que de todo se deshagan, y de sì mismas. Y aunque se le encarga que las ame, y trate con blandura, no sea de manera que la pierdan el respeto, ni dexe que se introduzgan entre ellas palabras que no sean muy Religiosas evitando las amorosas que se suelen decir entre mugeres. No las consienta que se disculpen, ni escusen quando las reprehendiere, ò las mandare algo, y en esto no las perdone muchas veces. Enseñelas à mortificar sus afectos, y gustos; en particular en la comida las haga que coman lo que dà la Comunidad, y que se ajusten en todo à la vida comun, que esto las conviene mas que hacer otras penitencias, ni mortificaciones. Y ella acuda mucho à nuestro Señor; pidale la dè luz para que acierte à enseñarlas, pues ha de dàr cuenta de ellas.

Este Capitulo, y Constitucion moderamos, ordenando, que las primeras Novicias que aora entraren à cumplir el nu-
me-

mero de las treinta y tres Monjas, que ha de haver professas, puedan votar, y tener voz activa luego que professen, aunque no hayan cumplido los dos años que manda la Constitucion, lo qual se entienda con las que aora entraren à cumplir, porque en adelante no han de gozar otras de este privilegio, ni han de tener voz activa en las elecciones hasta que tengan dos años de professas.

Cap. XXVIII. De las calidades, y condiciones que han de tener las que han de ser recibidas.

LAS que huvieren de recibir este santo habito, han de tener quince años cumplidos, ò por lo menos doce, siendo personas, que por justas causas, y obligaciones deban ser recibibidas, lo qual se haga muy raras veces. Sean habiles para rezar el Oficio Divino, y que tengan fuerzas, y salud para seguir la Comunidad; de buen entendimiento, y natural: y à esto se mire mas que à la dote. Y encargamos à la Priora, y Maestra de Novicias, y à las demàs Religiosas, que no admitan à la profesion à la que entendieren no es à proposito para la observancia del instituto. Las hermanas de fuera de Coro que se recibieren, sean de mucha salud, y fuerzas, y personas que tengan deseos de servir à Dios. A ninguna se dè el habito sin licencia del Prelado, y sin la mayor parte de los votos de la Consulta; y lo mismo se guarde à la profesion, tomando tambien los votos del Convento, y que tenga la mayor

par-

parte: los quales han de ser secretos, examinandolas primero si tienen voluntad de ser Monjas, y hacer profesion; mas no serà menester pedir licencia para professar, como al habito. Estando el numero cumplido, que serà de veinte Monjas de velo, y tres Freylas, no se pueda recibir otra ninguna. Y si se ofreciere alguna persona de tantas partes, que se entienda serà de mucha utilidad para la Religion, desela el habito, como venga en ello toda la Consulta, y dispensando el Prelado. Mas no podràn admitir otra, ni de las del Coro, ni fuera de èl, ni con dispensacion ninguna: mas si quisieren trocar algun lugar de las del Coro con las de fuera de èl, podràn, como no sea mas de por una vez, de manera que nunca

pas-

passen de las veinte y quatro. Y à la Priora se encarga que procure no tener lleno el numero, por si le ofrece algun sugeto aventajado, que haya lugar para recibirle.

Este Capitulo, y Constitucion mitigamos, en que sean treinta y tres las Religiosas de velo negro, y quatro las de velo blanco. Y en conformidad de lo dispuesto por su Santidad, no se podrà aumentar el numero por qualquier causa, motivo, ò caso que sea, ni pedir nueva dispensacion à su Santidad en ningun tiempo. Y en conformidad assimismo de lo concedido por su Santidad podrà haver para el servicio del dicho Monasterio doce criadas de buenas costumbres, sin que este numero con ningun pretexto, ni ocasion se pueda aumentar. Y porque al presente se hallan yà dentro mas criadas que

que las del numero referido, y por estàr alguna enfermas, permitimos, que las que al presente se hallan yà en el dicho Convento, se queden dentro, con calidad que en adelante no pueda entrar otra alguna, sino es à cumplir el numero de doce; y de que si se hiciere donacion al Convento de alguna, sea para que sirva à toda la Comunidad, sin que se la aproprie à sì ninguna Religiosa, aunque sea Prelada, ni esta las pueda ocupar en su conveniencia, sino en servir à la Comunidad de las Religiosas.

Cap. XXIX. De la Tornera, y Provisoras.

HAya una Tornera mayor que cuide del Torno, y de recibir los recados, la qual en llamando responda con pocas palabras; la voz baxa:

xa: no dè ocasion à platicas, atajelas luego; mas no con desabrimiento, sino con apacibilidad. No consienta que llegue ninguna al Torno sin licencia de la Prelada; y si alguna hiciere lo contrario, desele penitencia, y à la Tornera, segun fuere la culpa de cada una. Reciba la Tornera los recados, aora sean de palabra, ò por escrito, y dèlos à la Priora: y si ella no lo mandare, no los dè à las hermanas para quien fueren, ni lo entiendan en ningun tiempo. Y si alguna vez hiciere lo contrario, sea castigada conforme à la culpa; y lo mismo se haga si diere fuera algun recado, ò papel sin licencia de la Priora. Cierre el Torno, y reja estando el Convento en el Coro, y Refectorio, y à las Ave Marias, y horas de silencio. No llame à

à ninguna Religiosa à la reja sin avisar primero à la escucha, la qual vaya junto con la que ha de hablar: Tenga una compañera que la ayude, la qual haga lo que ella le dixere. La Tornera mayor ha de ser juntamente Provisora del Convento, à cuyo cargo ha de ser el proveer de todo lo necessario, y darlo à la Provisora menor, para que haga aderezar la comida: y ella tenga cuidado de que se guise con asseo, y limpieza, y que estè à punto à las horas de comida, y cena. Y ha de tener las llaves de la despensa, ò adonde se guardare la provision del Convento. A cargo de la Provisora mayor ha de estàr tambien lo que se huviere de comprar para la labor, ò vender la que se hiciere, sin regatear, ni porfiar. Por su mano se ha de gastar

tar la hacienda del Convento, y las limosnas con orden de la Priora, y sin su licencia no podràn gastar ninguna cosa, ni dàr ningun extraordinario. Tenga libros en que escriba lo que recibe, y gasta, en lo qual se le encarga la conciencia; y si en esto se governare mal, sea depuesta del oficio.

Cap. XXX. De las Consiliarias.

AUnque en la Prelada ha de estàr todo el govierno del Convento, de manera que las demàs no entiendan, sino en obedecer; con todo no podrà hacer algunas cosas muy graves, y de importancia sin parecer de las Consiliarias, y Consultoras, que son, Priora, Supriora, Provisora mayor, Sacristana, y la que huviere sido
Prio-

Priora del Convento, si no la huvieren quitado el oficio por alguna culpa. Y dos Consiliarias, al oficio de las quales pertenece tratar de lo que se ha de hacer cerca de los bienes del Convento, como dàr censos, ò tomarlos; dàr cartas de pago, otorgar poderes, disponer de la cantidad de la dote de las que reciben el hábito; hacer qualesquier escrituras, vender, empeñar, arrendar, como no sea por mas de nueve años, ni bienes raices, que en tal caso no podràn vender, ni enagenar cosa ninguna de estas sin licencia del Prelado: la qual no dè si no fuere para aumento del Convento, ò por alguna grande necesidad, que no pueda suplirse por otro camino. Las consultas se han de hacer de esta manera. Assentadas todas por su

orden, dirà la Prelada: *Adjutorium nostrum in nomine Domini*; y responderàn: *Qui fecit Cœlum, & terram*. Luego propondrà la Priora con breves palabras el negocio que se ha de tratar. Y si no quisiere decir su parecer al principio, podrà oìr el de las demàs, y dalle ella despues de todas. El qual han de decir con modestia, y brevedad, sin porfia, ni contradiciendose unas à otras, de forma, que aunque haya diferentes pareceres, no se siga division en las voluntades, ni cosa que perturbe la paz. Y si lo que se propusiere fuere de grande importancia, tratese otro dia; hagase para ello otra consulta; y si en la segunda no se determinare lo que en la primera, hagase otra el dia siguiente, y executese lo que en ella saliere, sin hacer otra
so-

sobre ello. Tengan mucho secreto de lo que en las consultas se tratare, de modo que no lo entiendan las demàs del Convento: y la que descubriere algo de lo que passa en la consulta, ò Capitulo, desela penitencia conforme fuere la culpa, y serà mayor la penitencia, si lo dixere à alguna persona de fuera de casa.

Cap. XXXI. De las Depositarias.

HAya dos Depositarias que se elijan por la Priora, como los demàs oficios, que sepan escribir, y contar, las quales tomaràn las cuentas cada mes à la Provisora, estando la Priora presente, y escribiràn en los libros de recibo, y gasto puntualmente todo el dinero que entrare en el Con-
ven-

vento, y lo que se gastare. Ha de haver una Arca de tres llaves para las Escrituras, y depositos de la casa; y la una trayga consigo la Priora, y las otras dos las Depositarias, cada una la suya, y sean de diferentes guardas: en la qual Arca se ha de poner todo el dinero que se cobrare de limosna, ò rentas, salvo quando la cantidad fuere de quarenta ducados, poco mas, ò menos, que entonces se podrà quedar à la Provisora para el gasto. No han de dàr ninguna Escritura de la hacienda del Convento, si no fuere con mucha necesidad, y dexando escrito en un libro, que para esto ha de haver en el deposito, la razon de quanto se diò, y para què, y quien, cobrando de la persona que la lleva una cedula firmada de su nombre de como la

re-

recibe, y si fuere possible, sea por tiempo limitado.

Cap. XXXII. De las Zeladoras.

HAya una Zeladora, que se eche por tabla cada semana, à la qual diràn todas las hermanas las faltas que hicieren, y ella las refiera en la Comunidad despues de Maytines, para que la Priora las reprehenda, ò dè penitencia, como le pareciere; mas no dirà falta que no la hayan dicho las hermanas. De manera, que no ha de reprehender à ninguna, sino solo referir las faltas en nombre de las que se las han dicho, comenzando por las suyas: y esto se guarde con cuidado.

Cap. XXXIII. De la Sacristana.

CUide mucho la Sacristana de todas las cosas de la Iglesia, y sirva en este oficio à nuestro Señor con mucho respeto, y limpieza, y con la mayor curiosidad que sea possible. A lo qual se encarga mucho à la Priora que acuda proveyendola de todo lo que fuere menester para el servicio de la Iglesia, y Sacristìa, pues es una de las mas principales obligaciones de su oficio: y afsi tenga mucha cuenta de que no falte lo que fuere menester para el culto divino, aunque falte para otras cosas. Enseñando en esto à todas el respeto, amor, y reverencia con que han de servir à nuestro Señor, edificando à los Fieles

à

Recoletas Agustinas.

à devocion con su curiosidad, y cuidado. Y esto mismo se encarga à la Sacristana, cuyo oficio es todo lo que toca al servicio de la Iglesia. Tendrà tambien cuenta de llamar à todas las hermanas à confessar: y no dexe entrar ninguna al Confessonario, ni Sacristìa, ni al torno de ella, sin licencia de la Priora, ni por èl se dèn, ni reciban recados, ni se hable à nadie, si no fuere en cosas del servicio de la Iglesia, sopena de grave culpa. Tendrà mucha cuenta de que haya silencio en la Sacristìa; y de que los que en ella sirven hablen muy passo; y ella harà lo mismo. Tenga un Sacristàn, que sea muy asseado, y modesto; y no siendo tal, le despida con licencia de la Priora.

Cap. XXXIIII. De la Ropera.

HAya una Ropera, à cuyo cargo estè dàr la ropa limpia à las hermanas, y ponerla en sus celdas à su tiempo, y recoger la sucia, para que se labe, sin que ellas cuiden de esto. Tambien tendrà cuidado de limpiarla, y aderezarla, como lo manda nuestro Padre San Agustin en su Regla. Y estè agradecida à nuestro Señor, de que por su cuidado se descuiden las Religiosas de lo que han de vestir, y calzar. Mire siempre lo que han menester, para que sin que lo pidan, se provea, y haga esto con amor, y caridad, avisando à la Priora de lo que faltare en su oficio, para que mande se le dè.

Capit. XXXV. De la culpa leve, y su pena.

Culpa leve es no postrarse quando hacen alguna falta en el Coro: hablar en el Dormitorio, ò Refectorio: hacer algun ruido con los asientos en la Comunidad, ò en otra alguna parte: decir de la comida si està bien, ò mal guisada; y del habito si està mal aderezado: beber sin licencia: tratar mal qualquiera cosa de la Comunidad: levantar los ojos en el Coro, ò Refectorio: no traerlos baxos por casa, y otras cosas semejantes. La pena de esta culpa es, rezar de rodillas en medio del Refectorio lo que le pareciere à la Priora, ò cosas semejantes, conforme fueren las culpas.

Capit. XXXVI. De la culpa grave, y su pena.

GRave culpa es porfiar con otra con impaciencia, ò sin ella: tomar, ò dàr, ò trocar qualquiera cosa con otra: entrar en celda agena sin licencia: defender su culpa: quebrantar el silencio de costumbre, ò cosas semejantes. La pena de estas culpas serà, comer en Refectorio dos dias pan, y agua, ù otras cosas, quales pareciere à la Priora, conforme fuere la culpa.

Cap. XXXVII. De la mas grave culpa, y su pena.

CUlpa mas grave es, descomponerse con la Prelada, porfiandola, ò diciendola alguna descortesia:
que-

quebrantar algun ayuno de la Orden: desobedecer advertidamente: hablar con alguna persona de fuera sin licencia, ò sin escucha, y otras cosas tales. La pena de estas culpas serà, ayunar tres dias à pan, y agua, ò diciplinas de varillas en el Refectorio, ò cosas semejantes. Las quales si fueren culpas hechas contra la Priora, no las darà ella, sino la que estuviere por mayor.

Capit. XXXVIII. De la culpa gravissima.

Culpas gravissimas seràn las que fueren mayores que las dichas, y referidas en el Capitulo passado; à las quales serà menester dàr mayores penas, si se cometieren tales culpas (lo qual Dios por su misericordia no permita) mas si las huviere, no se dissimulen,

len, sino castiguense con rigor, y amonestaciones, para que la pena sirva de sanar la llaga del alma. Mas si la dureza fuere mucha, sealo la penitencia. Y todas la ayuden con oraciones, y podràn aprovecharse de diciplinas conventuales, y reclusion de la Comunidad, mas ayunos, ò cosas semejantes.

Cap. XXXIX. De culpas.

Arà la Priora Capitulo de culpas cada quince dias, ò por lo menos cada mes, no haviendo cosa que lo estorve, y serà la hora que mejor le pareciere. Haciendo primero tres veces señal con una campanilla, se juntarà el Convento en el Capitulo, y estando alli todas se levantaràn, si no fuere la Priora, que estando sentada

da dirà: *Adjutorium nostrum in nomine Domini*; y proseguirà el Convento: *Qui fecit Cœlum, & terram.* Y diciendo la Priora, *Benedicite*, y el Convento, *Deus*, inclinandose todas, dirà ella: *Dominus nos benedicat, & ab omni malo defendat, & ad vitam perducat æternam: & fidelium animæ per misericordiam Dei requiescant in pace*; y responderàn todas, *Amen.* Y sentandose todas se leerà un capitulo de estas Constituciones, ò de la Regla de nuestro Padre San Agustin, ò mandarà que le lea otra Religiosa; y si quisiere decirlas alguna cosa de edificacion, la dirà; y acabada la platica diga: Tratemos de culpas; y postrandose todas, estandose siempre sentada la Prelada dirà: Què dicen? y responderà el Convento: Mi culpa; y luego la Priora las

man-

mande sentar, quedandose las Novicias prostradas; dirà la mas antigua de rodillas la Reverenda que se acostumbra à decir en la Orden. A las quales reprehenderà las faltas que huvieren hecho, y alentarlas à que prosigan la vida comenzada. Acabado esto las mande ir, y que recen algo mientras se acaba el Capitulo: Y si alguna, idas las Novicias, quisiere alli decir sus culpas, sea pidiendo licencia, diciendo, *Benedicite*: si se la diere la Priora, la dirà, y si no, se buelva à sentar: y si las dixere, sea en medio del Capitulo, de rodillas, y acabadas, espere prostrada la correccion, y penitencia. Y si alguna hablare sin licencia, y mandandola que calle, no lo hiciere, embiela la Prelada del Capitulo. Y si la Priora tuviere algo que

que advertir, digalo acabada la platica. Y lo que alli se tratare, ninguna se atreva à murmurar de ello. Acabadas las cosas dichas, dirà la Supriora su culpa, la qual puesta de rodillas en medio del Capitulo, estando todas prostradas, dirà: Madre, digo à Dios, y à V. R. mi culpa, por mi, y todas las hermanas de este Convento, de todos los defectos, y faltas acerca de la Regla, y Constituciones, y preceptos de la Orden, y de este Convento; y pido perdon à Dios nuestro Señor, y à V. R: y prostrandose en tierra la besarà; y diciendola la Priora que rece algo, y se levante, se assentarà en su lugar, y todas haràn lo mismo. Luego dirà la Priora: Muchos son los beneficios, hermanas en Christo, que recibimos de las manos de Dios,

Dios, y de sus Fieles, para nuestro sustento: à los quales, para que no seamos ingratas, haga participantes de todas nuestras oraciones, ayunos, y penitencias. Y aora digamos por todos nuestros bienhechores, vivos, y difuntos: *Retribuere dignare Domine omnibus, &c.* con los sufragios acostumbrados. Y acabado todo haga señal para que se vayan, lo qual se haga con silencio.

※

LAUS DEO.

Et Beatissimæ Virgine Mariæ.

EL DOCTOR D. JUAN SANTOYO de Palma, Arcediano de esta Santa Iglesia Metropolitana de Lima, dixo: Que por quanto las Religiosas de esta Santa Comunidad tuvieron comunicado, y tratado con el Ilustrissimo Señor Arzobispo Don Pedro de Villagomez, de buena memoria, algunas clausulas, que se havian de insertar en su Santa Regla, y por haverle provenido la muerte, no tuvo lugar la execucion; y aora, como à Dignidad mas antigua de esta Santa Iglesia han pedido las dichas Madres Religiosas, que en virtud de la facultad especial que para ello le dà su Santidad el Papa Alexandro Septimo por un Breve, su data en Santa Maria la Mayor debaxo del Sello de el Pescador à quatro de Abril de mil seiscientos y sesenta y dos años, para componer, y mitigar las dichas Constituciones, declarò, que el Capitulo diez y seis, donde se determina, *que el jubon sea de estameña blanca, ù de otro color honesto*, se les pueda permitir à las dichas Religiosas *que lo usen de crea, ò ruan crudo*. Y que

el

el Capitulo diez y ocho de la recreacion, se guarde à la letra, menos los dias de Comunion, *que en eſtos no ſe ha de permitir recreacion la noche antes, ni el proprio dia deſpues de comer.* Con lo qual declarò eſtàr ajuſtadas las Conſtituciones del dicho Monaſterio, y haver llegado à obtener, y conſeguir toda la eſtabilidad, compoſicion, quietud, y uniformidad, que manda ſu Santidad. Con que ſe cierran eſtas Conſtituciones, para que no admitan variacion. Fecho en los Reyes en ſeis dias del mes de Mayo de mil ſeiſcientos y ſetenta y dos años.

Doct. D. Juan Santoyo de Palma.

Por mandado del señor Arcediano,

El Bachillèr Juan de Salazar, Not. Publ.

CPSIA information can be obtained
at www.ICGtesting.com
Printed in the USA
BVHW01s0845270818
525716BV00009B/76/P